Inhalt

Gekonnt nachschlagen und recherchieren

Autor: Wolfram Karg

Das Kapitel **Sachtexte erstellen** beginnt auf Seite 15.

1 Verschiedene Nachschlagewerke

A

B

C

D

E

F

1 Schau dir die sechs Bilder an. Was braucht das Kind, damit es sein Problem allein lösen kann? Schreibe die Antwort zu den jeweiligen Buchstaben.

A ______________________ D ______________________

B ______________________ E ______________________

C ______________________ F ______________________

2 Überlege dir, wie die Daten in den Nachschlagewerken geordnet sind. Schreibe deine Vermutung mit Bleistift zum jeweiligen Buchstaben. Vergleiche deine Ergebnisse mit deinen Gruppenmitgliedern. Einigt euch auf eine Lösung.

A ______________________

B ______________________

C ______________________

D ______________________

E ______________________

F ______________________

Immer mehr Nachschlagewerke erscheinen nicht nur als Buch, sondern auch als CD, als DVD oder im Internet.

Du findest im Alltag verschiedene Arten von Nachschlagewerken. Diese helfen dir dabei, Informationen zu erhalten. Damit du Nachschlagewerke schnell und sicher benutzen kannst, musst du wissen, nach welchem System diese aufgebaut sind.

3 Untersucht gemeinsam das Nachschlagewerk, das ihr erhalten habt.
Nach welchen Merkmalen sind die Daten darin geordnet?
Schreibt zum Schluss euer gemeinsames Ergebnis hier auf.

Ein Nachschlagewerk ist eine Datensammlung, bei der die Daten nach bestimmten Merkmalen geordnet sind.

Name des Nachschlagewerks: ______________________

4 Trage in der Tabelle die verschiedenen Nachschlagewerke ein.
Schreibe in die zweite Spalte, wie die Daten darin geordnet sind.

Name des Nachschlagewerks	Die Daten sind geordnet nach...

2 Mit dem ABC sortieren

1 Ordne die folgenden zehn Wörter in der richtigen alphabetischen Reihenfolge:
Katze, Baum, Tulpe, Meise, Fuchs, Dattel, Wolf, Rose, Zitrone, Otter.

1 ______
2 ______
3 ______
4 ______
5 ______
6 ______
7 ______
8 ______
9 ______
10 ______

Der Name **„Alphabet“** stammt von den ersten beiden Buchstaben **„Alpha“** und **„Beta“** des griechischen Schriftsystems.

2 Ordne nun die folgenden zehn Wörter ebenfalls nach dem Alphabet: *brummen, bergen, brechen, blinken, bunt, bauen, brennen, befehlen, basteln, bangen.*

1 ______ 2 ______ 3 ______
4 ______ 5 ______ 6 ______
7 ______ 8 ______ 9 ______
10 ______

3 Was fällt dir beim Ordnen dieser Wörter gegenüber den Wörtern der Aufgabe 1 auf? Besprecht euer Vorgehen in der Gruppe. Formuliert dann gemeinsam eine Regel für das alphabetische Ordnen von Wörtern.

______
______
______
______

!

Falls du dir beim ABC noch unsicher bist, kannst du unten die richtige Reihenfolge nachschauen:

A, B, C, D, E, F, G, H, I, J, K, L, M, N, O, P, Q, R, S, T, U, V, W, X, Y, Z.

1 Suche die folgenden zwölf Wörter in deinem Wörterbuch. Trage zur Kontrolle jeweils die Seite, auf der du das Wort gefunden hast, in der Tabelle ein.

Wort	Seite	Wort	Seite	Wort	Seite
Plombe		Schleife		Knöchel	
einigen		verletzen		Gestalt	
außerdem		unterhalten		nervös	
Intelligenz		Cowboy		riechen	

2 Auf welchen Seiten beginnen jeweils die Wörter mit den folgenden Anfangsbuchstaben? Trage die Seitenzahl in die Tabelle ein.

Buchstabe	Seite	Buchstabe	Seite	Buchstabe	Seite
F		O		E	
V		G		S	
B		Q		Y	
J		P		U	

In allen Wörterbüchern findest du Hilfen zur schnelleren Orientierung. So steht in der linken oberen Ecke meist das erste Wort oder die Anfangsbuchstaben des ersten Wortes dieser Seite.
In der rechten oberen Ecke findest du das letzte Wort oder die Anfangsbuchstaben des letzten Wortes auf dieser Seite.

3 Suche folgende Wörter in deinem Wörterbuch.
Welche Anfangsbuchstaben oder Wörter stehen auf den jeweiligen Seiten oben links und oben rechts?
Trage sie in der Tabelle ein.

Wort	oben links	oben rechts
quetschen		
Eisenbahn		
Ziel		
künstlich		
Bauchweh		
Industrie		
wann		
hervor		
Tiger		
Millimeter		

4 Erfinde selbst Aufgaben zum Nachschlagen, und stelle sie deinen Mitschülern.
Du kannst dich dabei an den Aufgaben im Schülerheft orientieren oder eigene Aufgaben erfinden.

1 Suche folgende zwölf Wörter in deinem Wörterbuch, und trage jeweils die Seite in der Tabelle ein, auf der du das Wort gefunden hast.

Manche Wörter findest du im Wörterbuch erst nach langem Suchen.
Hier lernst du Hilfen kennen, mit denen du diese Wörter schneller finden kannst.

Wort	Seite	Wort	Seite	Wort	Seite
Bach		rennen		trüb	
Häuser		verschloss		kleiner	
Mücke		fahren		durstig	
Sträuße		liefen		schönste	

2 Überlege dir, warum du manche Wörter schneller gefunden hast als andere. Besprich deine Vermutung mit deinem Partner.

3 Was musst du tun, damit du ein Wort im Wörterbuch sicher finden kannst? Sprich mit deinem Partner darüber, und versucht eine gemeinsame Lösung zu finden. Schreibt die Lösung auf eine Karte.

4 Bilde zu den Wörtern in der Tabelle jeweils zuerst die Grundform, und gib dann die Seite an, auf der du das Wort gefunden hast.

gesuchtes Wort	Grundform	Seite
(die) Häuser		
(die) Schüsse		
(die) Museen		
schwärzer		
(am) dicksten		
frömmer		
(er) schwieg		
(sie) flog		
(du) beantragst		

5 Gleiche Laute – verschiedene Schriftzeichen

1 Schau dir das Bild an und überleg dir, warum der linke Schüler bei seiner Suche nicht weiterkommt. Hast du eine Idee, wie du ihm helfen kannst?

2 Kennst du noch andere Wörter, bei denen das Nachschlagen im Wörterbuch schwierig sein kann? Schreibe sie auf ein Blatt.

3 Suche zu den Bildern in der Tabelle das passende Wort im Wörterbuch. Schreibe es dann auf.

Bild	Wort	Seite

Unser Alphabet besteht aus 26 Buchstaben. Vier davon sind eigentlich nicht notwendig, da sie wie andere Buchstaben ausgesprochen werden.

„**C**" klingt entweder wie „z" oder wie „k".
„**V**" klingt entweder wie „f" oder wie „w".
„**Y**" klingt entweder wie „i" oder wie „j" oder wie „ü".
„**X**" klingt wie „ks".

An diesen Buchstaben kannst du erkennen, dass manche Wörter aus anderen Sprachen stammen.

4 Welche Schreibweise ist richtig? Markiere und trage ein, auf welcher Seite du das Wort im Wörterbuch gefunden hast.

Schreibweise 1	Schreibweise 2	Seite
Fieh	Vieh	
Verb	Werb	
Fulkan	Vulkan	
Volleyball	Wolleyball	
Kafé	Café	
Camping	Kamping	
Cent	Zent	
Kor	Chor	
Ytong	Ütong	

5 Formuliere jeweils einen Tipp zum Nachschlagen von Wörtern, deren Anfangsbuchstaben anders gesprochen als geschrieben werden.

Tipp 1: Laute, die wie „k“ klingen, kann ich auch ...

Tipp 2: Laute, die wie „z“ klingen, ...

Tipp 3: Laute, die wie „f“ klingen, ...

Tipp 4: Laute, die wie „w“ klingen, ...

Tipp 5: Laute, die wie „ü“ klingen, ...

6 Orientierungshilfen in Büchern

1 Schau dir das Bild an. Was meint der Junge wohl mit „Hilfen“?
Kennst du auch solche Hilfen?
Wenn ja, schreibe sie hier auf.

____

____

2 Schau in zwei bis drei verschiedenen Schulbüchern nach, ob diese auch Hilfen zur Orientierung oder zum Nachschlagen enthalten.
Wenn du Hilfen findest, schreibe sie unten auf.
Notiere dahinter in Klammer, wo du diese Hilfen im Buch findest.

____

____

____

3 Erfinde mindestens fünf Suchaufgaben zu einem deiner Schulbücher.
Nutze dabei alle Hilfsmöglichkeiten im Buch.
Schreibe jede der Suchaufgaben auf eine eigene Karte.

4 Veranstaltet einen Wettbewerb in eurer Gruppe.
Wer kann die Aufgaben am schnellsten lösen?

5 Einigt euch auf die fünf besten Suchaufgaben.
Schreibt jede auf eine eigene Karte.

!

Viele Bücher enthalten Hilfen, mit denen du Informationen oder bestimmte Textstellen schneller finden kannst.
Wenn du diese Hilfen kennst und sie auch benutzt, findest du die gesuchten Texte oder Textstellen schneller.

Suchhilfen in Büchern

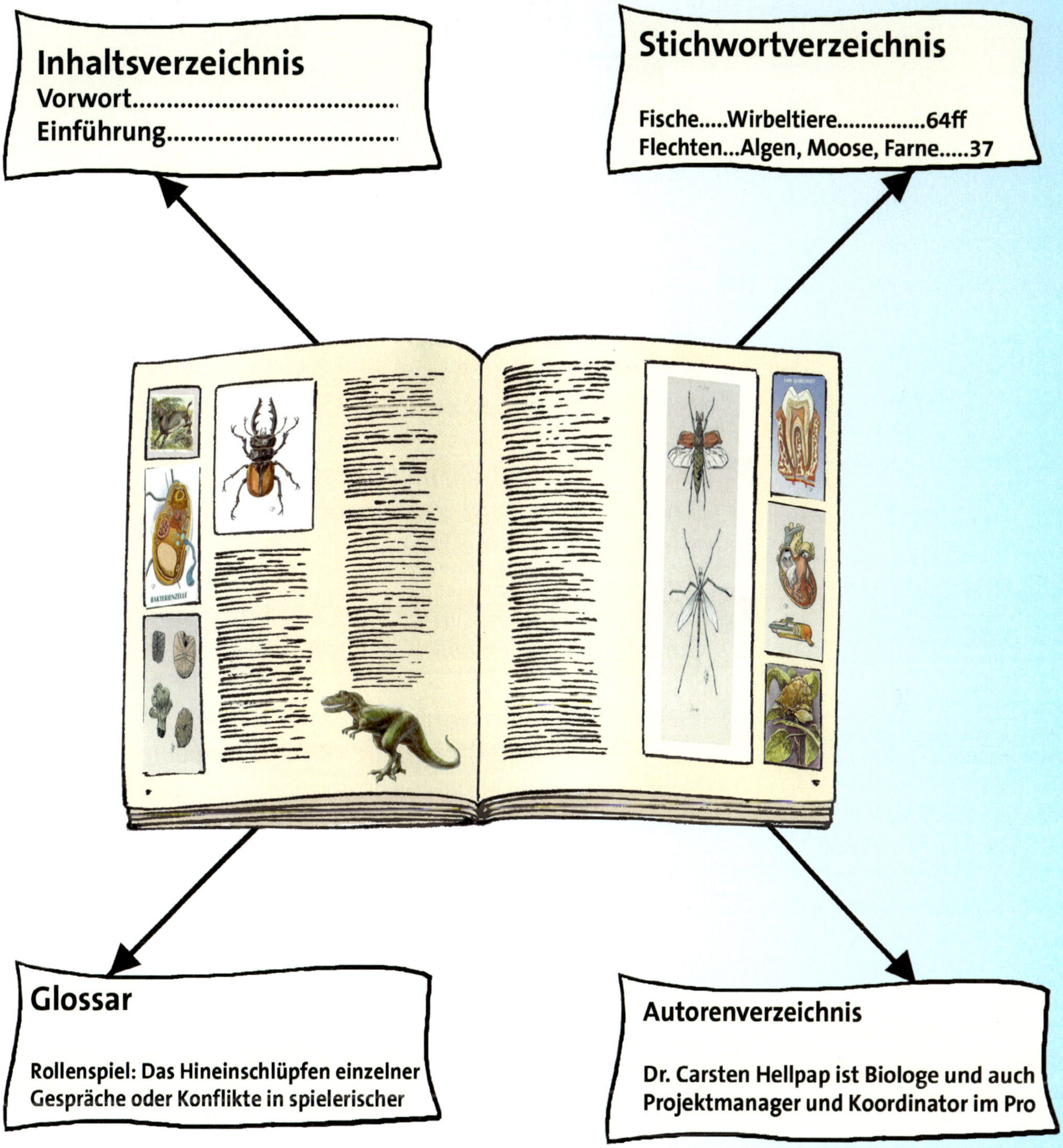

7 Gezielt im Internet recherchieren

Suchmaschinen für Kinder:
www.blinde-kuh.de
www.helles-koepfchen.de
www.kindernetz.de/suche
www.safetykid.net

Viele Menschen holen sich Informationen aus dem Internet. Dazu benutzen sie **Suchmaschinen.** Diese Suchmaschinen haben mehrere Milliarden Webseiten gespeichert. Deshalb bekommst du auf deine Suchanfrage oft tausende von Ergebnissen angezeigt. Die meisten davon passen nicht zu deiner Suche. Wer jedoch weiß, wie eine Suchmaschinen arbeitet, findet schneller und sicherer die Informationen, die er sucht.

1 Hast du auch schon einmal im Internet etwas gesucht und dabei eine Suchmaschine wie z. B. Google oder Yahoo benutzt? Wie bist du dabei vorgegangen, und welche Erfahrungen hast du dabei gemacht? Schreibe dir auf einem Zettel Stichworte dazu auf.

2 Tausche dich mit einem Partner aus. Einigt euch auf **drei gemeinsame Tipps** für eine erfolgreiche Internetrecherche.

3 Einigt euch nun in der Gruppe auf **fünf Tipps**. Schreibt diese jeweils auf eine Karte.

4 Wie gehst du vor, wenn du Informationen über das Leben eines **Ritterjungen im Mittelalter** suchen willst? Schreibe auf, was du zuerst machst und welche Schritte danach kommen.

Zuerst ____

____

____

Dann ____

____

____

Zum Schluss ____

____

____

1 Geht es dir auch so wie einem der drei Schüler? Welche der drei Aussagen trifft am besten auf dich zu? Besprich dich mit deinen Partner in der Gruppe.

2 Was könntest du tun, damit du auch später noch schnell und gezielt nachschlagen kannst? Schreibe deine Ideen hier auf.

____

____

____

____

3 Welche Informationen oder Übungen zum Nachschlagen waren für dich besonders wichtig? Notiere dir zu jedem Kapitel einen Punkt.

____

____

____

____

____

____

____

! Forscher haben herausgefunden, dass du etwas oft wiederholen musst, bevor du es richtig kannst. Das gilt auch für das Nachschlagen oder Recherchieren.
Deshalb lohnt es sich, wenn du die gelernten Methoden immer wieder anwendest und übst.

Eigene Aufgaben zum Nachschlagen erfinden

4 Plant, wie ihr bei eurer Aufgabe vorgehen wollt. Die folgenden drei Punkte können euch dabei helfen. Besprecht sie miteinander, und schreibt eure Ergebnisse auf.

1. Unsere Aufgabe lautet:

2. Dazu gehen wir folgendermaßen vor:

3. Zum Schluss:

Zuerst besprecht ihr in der Gruppe, was ihr nacheinander tun wollt, um die Aufgabe zu lösen. Danach legt ihr fest, wer von euch welche Aufgabe übernimmt. Schreibt die Namen in Klammern hinter die jeweilige Aufgabe.

Sachtexte erstellen

Autor: Wolfram Karg

- Es gibt unterschiedliche Arten von Texten. Jede Art hat dabei ihre eigene Aufgabe und verfolgt ganz bestimmte Absichten.
- Die verschiedenen Textarten unterscheiden sich auch in ihrer sprachlichen Gestaltung.
- Wenn du die Texte miteinander vergleichst, erkennst du diese Unterschiede.

1 Lies dir die Texte A bis H genau durch. Sie gehören zu zwei verschiedenen Textarten. Entscheide dann, welche Texte von der linken Person und welche von der rechten Person geschrieben wurden. Begründe deine Meinung.

A Der Schüler rannte in die Klasse und schrie ganz laut:
„Wie ich dich hasse!“
Der andre sagte leis: „Na und!
Du führst dich auf, grad wie mein Hund!“

B Die Burg stammt aus dem späten Mittelalter. In der Mitte steht der 50 m hohe Burgfried. Daneben steht das Wohngebäude des Grafen und die Kapelle.

C Über der rechten Augenbraue sitzt ein dunkler Fleck. Die Nase hat eine leichte Hakenform, und die Ohren stehen etwas vom Kopf ab. …

D Er pirschte sich vorsichtig an das Fenster heran und spähte nach kurzem Zögern hinein. Da, er glaubte seinen Augen nicht zu trauen, sah er, wie der Mann plötzlich …

E Danach gibt man die Nudeln in das kochende Wasser und lässt sie bei mittlerer Hitze etwa 9 Minuten garen. …

F Dennis nahm Anlauf und flankte den Ball direkt zu Markus. Er wollte diesem nämlich auch eine Chance geben, endlich einmal wieder ein Tor zu schießen. „Du Blödmann“, brüllte Kevin, „siehst du nicht, dass ich völlig frei stehe!“ …

G Die Klasse 4a hat das Turnier verdient gewonnen, da sie auf allen Positionen gleich gut besetzt war und als einzige Klasse wirklich als Mannschaft gespielt hat. …

H Da flitzte die Maus ins Mauseloch und dreht der Katze eine lange Nase. „Na warte“, dachte sich die Katze, „irgendwann bekomme ich dich noch!“

2 Markiere mit zwei verschiedenen Farben (rot und grün) die beiden unterschiedlichen Textarten.

3 Findest du Unterschiede in der Sprache zwischen den beiden Textarten? Welche sind es? Markiere die entsprechenden Textstellen zuerst mit Bleistift.

4 Trage die Namen der beiden Textarten in die Leerstellen ein. Beschreibe darunter, woran diese Texte zu erkennen sind.

Textart 1: ______________________________

____

____

____

____

Textart 2: ______________________________

____

____

____

____

Nur ein kleiner Teil dessen, was wir sagen, wird von unseren Mitmenschen auch genau so verstanden.

1 Überlege, warum die Zeichnung an der Tafel anders aussieht als die Zeichnung auf dem Blatt.

2 Was kannst du selbst tun, damit ein anderer dein Bild so zeichnet, wie es auf deinem Blatt aussieht? Schreibe deine Ideen auf.

Wenn andere dich nicht richtig verstehen, kann das daran liegen, dass du dich nicht eindeutig ausgedrückt hast.
Es kann aber auch sein, dass die anderen dir nicht richtig zugehört haben. Wenn du die anderen während des Sprechens beobachtest, kannst du vielleicht erkennen, ob sie dich verstanden haben.

3 Einigt euch in der Gruppe auf drei gemeinsame Tipps. Schreibt jeden Tipp auf eine eigene Karte. Überlegt euch, ob alle Tipps gleich wichtig sind, oder ob es einen gibt, der besonders wichtig ist. Begründet eure Einschätzung.

4 Auf dem Bild siehst du ein Kinderzimmer.
Welches der drei Kinder beschreibt das Bild am besten?
Begründe deine Meinung.

Marvin:
„Da ist so ein Zimmer. Es sieht ein bisschen langweilig aus. Neben dem Bett steht der Schreibtisch. Ein Computer ist auch drauf. Auf der anderen Seite ist das Bett und ein Regal. Nicht ganz so groß wie der Schrank. Mehr sieht man nicht."

Beschreibungen sind gut, wenn sie genau und eindeutig sind.

Vivian:
„Ich beschreibe euch ein Kinderzimmer. Wenn ich durch die Tür hineinschaue, sehe ich auf der linken Seite an der Wand einen großen Kleiderschrank. Gegenüber der Tür ist ein Fenster. Darunter steht ein Schreibtisch. Auf der rechten Seite steht ein Bett. Neben dem Bett an der Wand hängt ein Regal. Dann gibt es noch einen Computer auf dem Schreibtisch und ein Poster an der Wand."

Bülent:
„Ich sehe ein Zimmer. Da drin stehen ein Bett, ein Schrank, ein Schreibtisch mit Computer und ein Regal. Der Schrank steht links an der Wand, das Bett rechts an der Wand. Der Schreibtisch steht in der Mitte unter dem Fenster. Über dem Bett ist das Regal an der Wand befestigt. Da liegen Bücher und Spielsachen drauf. Der Computer steht neben dem Schreibtisch."

5 Unterstreiche in den Beschreibungen der Kinder genaue, eindeutige Formulierungen grün und solche, die noch verbessert werden sollten, rot.

6 Beschreibe nun selbst das Bild. Denke dabei an eure Merksätze zur Bildbeschreibung.

7 Tipps zur Bildbeschreibung:

1.

2.

3.

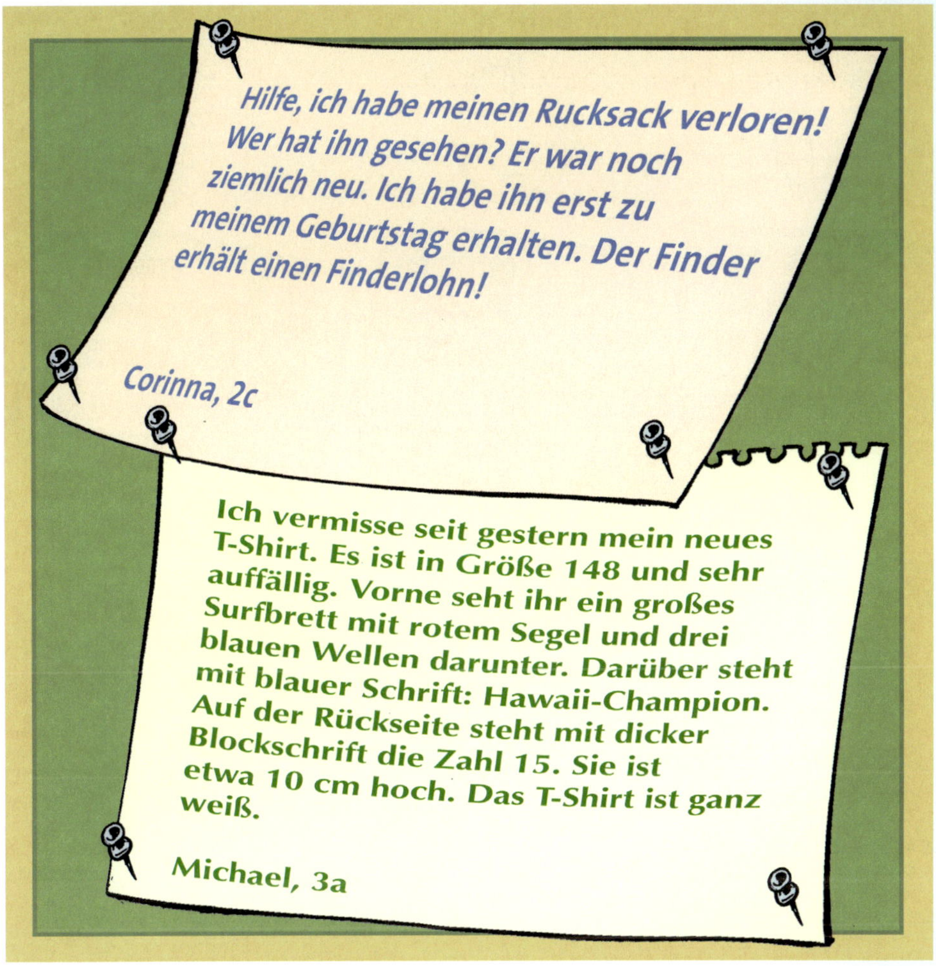

Hilfe, ich habe meinen Rucksack verloren! Wer hat ihn gesehen? Er war noch ziemlich neu. Ich habe ihn erst zu meinem Geburtstag erhalten. Der Finder erhält einen Finderlohn!

Corinna, 2c

Ich vermisse seit gestern mein neues T-Shirt. Es ist in Größe 148 und sehr auffällig. Vorne seht ihr ein großes Surfbrett mit rotem Segel und drei blauen Wellen darunter. Darüber steht mit blauer Schrift: Hawaii-Champion. Auf der Rückseite steht mit dicker Blockschrift die Zahl 15. Sie ist etwa 10 cm hoch. Das T-Shirt ist ganz weiß.

Michael, 3a

Wichtig bei einer Gegenstandsbeschreibung:
Beschreibe die wichtigsten Merkmale des Gegenstandes. Dazu gehören:

- ✓ seine Form,
- ✓ die Farbe,
- ✓ die Größe,
- ✓ das Material,
- ✓ sein Alter
- ✓ Besonderheiten (wie Markierungen, Beschädigungen), die ihn von ähnlichen Gegenständen unterscheiden.

Beschreiben bedeutet mit Worten zu zeichnen!

1 Schau dir die Suchanzeigen an der Pinnwand an. Welche ist gut, welche weniger gut gelungen? Tausche dich mit einem Partner darüber aus.

2 Bei Hausmeister Müller sind mehrere Rucksäcke abgegeben worden. Deshalb fordert er Corinna auf, sie solle ihm ihren Rucksack genau beschreiben. Kannst du ihr dabei helfen?

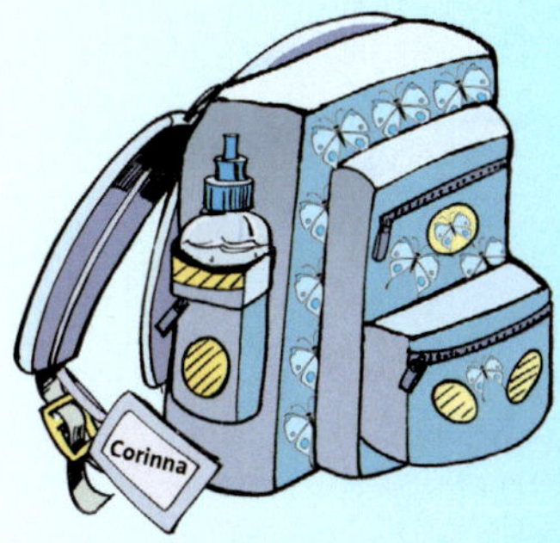

____

____

____

____

____

____

3 Fertige auf getrennten Karten zu jedem Mäppchen eine genaue Beschreibung an. Beim folgenden Ratespiel sollst du deinen Gruppenmitgliedern eines der Mäppchen beschreiben. Können diese den Besitzer herausfinden?

Zusammenfassung

Aufgaben/Ziele einer Gegenstandsbeschreibung

Aufbau einer Gegenstandsbeschreibung

Sprachliche Form einer Gegenstandsbeschreibung

1 Schau dir die beiden Bilder an, und vergleiche sie miteinander. Welche Unterschiede findest du?

2 Was kannst du tun, damit andere deine Lieblingsspeise genauso zubereiten können wie du?

3 Was musst du beachten, wenn du für andere Schüler die Zubereitung deiner Lieblingsspeise beschreiben möchtest? Schreibe deine Ideen dazu hier auf.

Ein eigenes Rezept schreiben

Mein Lieblingsrezept:

Die Schüler der vierten Klasse wollen in ihrer Klassenzeitung einen Artikel über den Hausmeister ihrer Schule schreiben. Dazu stellen sie ihm verschiedene Fragen.

1 Schau dir das Bild an. Was fällt dir dabei auf?

2 Was könnten die Schüler noch besser machen?

3 Wen möchtest du gern einmal interviewen?

____

____

____

4 Welche Fragen möchtest du dieser Person gern stellen?

____

____

____

____

____

____

____

Kino
Kirchstraße
Poststraße
Post
Lange Straße
Kirche
Friedensstraße
Friedensstraße
Lange Straße
Supermarkt
Schillerstraße
Rathausallee
Lange Straße
Schule
Rathaus
Tankstelle
Marktplatz
Seeweg
Rathausallee
Parkweg
Mozartweg
P
Polizei
Bahnhof
Bahnhof
Bahnhofsplatz

1 Welche Gebäude findest du im Stadtplan nebenan? Schreibe sie auf ein Blatt Papier.

2 Nenne zu mindestens fünf Gebäuden die Straße, an der sie liegen.

3 Welche Gebäude stehen in der selben Straße?

4 Trage hier deine Wegbeschreibung ein.

So kannst du eine Karte lesen:

1. Suche dir zuerst deinen Ausgangspunkt auf der Karte.
2. Dann suche dir den Zielpunkt, auf den du zulaufen willst.
3. Nun kannst du mit dem Finger den Weg entlangfahren und ihn dabei laut beschreiben.
4. Falls dies noch zu schwierig ist, drehe die Karte immer so, dass du geradeaus laufen kannst.

Dann kann nichts mehr schiefgehen.

Die ersten Landkarten wurden vor über 4300 Jahren von den Babyloniern gezeichnet.

7 Einen Zeitungsbericht schreiben

Die erste Form eines Berichts war der Augenzeugenbericht.

1 Schau dir das Bild an, und überlege, was da während der großen Pause passiert ist.

2 Die Lehrerin, die Pausenaufsicht hat, möchte von den Kindern wissen, wie der Unfall passiert ist. Überlege, wie sich der Unfall zugetragen haben könnte, und schreibe deine Ideen auf.

!

Ein **Bericht** ist eine besondere Art von Text, in dem jemand eine Sache oder eine Handlung ohne seine persönliche Meinung dazu beschreibt.

Bei einer Zeitung nennt man einen solchen Bericht auch **Nachricht** oder **Meldung**.

3 Einigt euch in der Gruppe auf einen möglichen Ablauf des Geschehens.

4 Zeichne den Ablauf des Geschehens in die Kästchen. Auf den Linien kannst du Stichwörter dazu notieren.

1) In einem Bericht wird etwas **sachlich mitgeteilt**.

2) Der Bericht wird in der Vergangenheitsform (Präteritum) geschrieben.

3) Der Bericht gibt Antwort auf die W-Fragen:
- ✓ Wer?
- ✓ Wann?
- ✓ Wo?
- ✓ Was?
- ✓ Wie?
- ✓ Warum?
- ✓ Welche Folgen gibt es?

Dreister Diebstahl in der Grundschule

Gestern wurde während der großen Pause in der Grundschule von Klein-Winzenheim die noch laufende Kaffeemaschine aus dem Lehrerzimmer gestohlen. Schulleitung und Polizei stehen vor einem Rätsel.

Der gestrige Dienstag wird bei den Lehrern der Grundschule in Klein-Winzenheim noch lange für Gespräche sorgen. Während sie in der großen Pause im Lehrerzimmer saßen und Kaffee tranken, wurde ihnen von einem unbekannten Täter die noch laufende Kaffeemaschine entwendet. Die sofort alarmierte Polizei konnte jedoch trotz Befragung aller Lehrer keine näheren Hinweise auf den oder die Täter herausbekommen…

5 Finde eine Überschrift für deinen Zeitungsbericht.

____

6 Erstelle nun eine Kurzzusammenfassung deines Berichts. Sie soll nach Möglichkeit nur 1–2 Sätze umfassen.

____

____

____

____

7 Überlege dir einen Einleitungssatz für den Beginn des Hauptteils.

____

____

____

____

____

____

Die **Überschrift** soll den Leser neugierig machen.

In der **Kurzzusammenfassung** werden die W-Fragen (Wer? Wann? Wo? Was?) beantwortet und die wichtigsten Tatsachen genannt. Wenn man diesen Teil gelesen hat, weiß man bereits über das Wichtigste Bescheid.

Im Hauptteil des Berichts werden die genaueren Umstände des Vorfalls ausführlich geschildert.

Die Schüler der vierten Klasse möchten zum Abschluss ihrer Grundschulzeit eine Klassenzeitung herausgeben.

1 Bevor eine Klassenzeitung entsteht, sind viele Vorbereitungen zu treffen. Schaut euch das Bild an, und überlegt, woran ihr bei eurer Zeitung alles denken müsst.

2 Zuerst solltet ihr überlegen, wer eure Zeitung lesen soll.

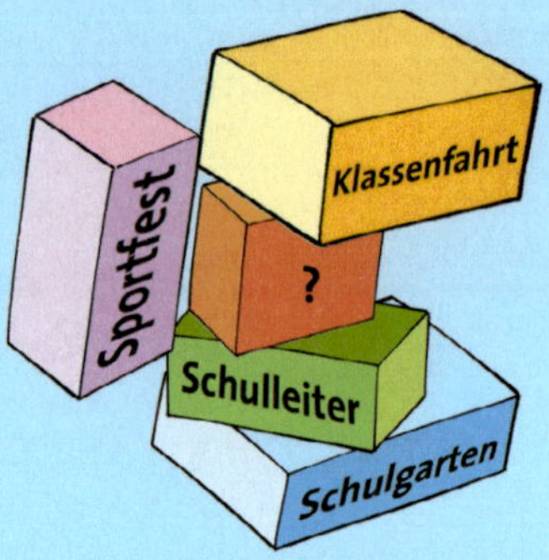

3 Welche Themen wollt ihr in der Zeitung behandeln?

4 Es ist sinnvoll, wenn man für die unterschiedlichen Aufgaben bei der Zeitungsherstellung verschiedene Arbeitsgruppen bildet. Welche Arbeitsgruppen wollt ihr einsetzen?

Viel Spaß und Erfolg bei eurer Klassenzeitung!